新潮文庫

老師と少年

南　直哉著

新潮社版

8842

老師と少年

前夜

その夜、入り口にうつむいて立つ少年に老師は言った。

「若い友よ。こちらに来なさい」

老師は自ら身を動かし、かたわらに場所を空けた。少年は呼ばれるまま師の横に坐《すわ》った。

「友よ。私の思い出を話そう。

君が生まれるずっと前、私が君よりもっともっと小さかった頃、人々はこう言った。

大きくなったら何になりたいの。

早く大きくなればいいね。

立派な大人になるんだぞ。

私は不思議だった。なぜ大きくならねばならないのか。なぜ大人になるのか。このままでいいのに。このままがいいのに。

でも、私は大きくなるだろう。なりたくなくても、大人になる。なぜだ。『立派』とはなんだ。それはよいことなのか？

友よ。私は優しく育てられた。父も母もあたたかく、私の世界は安らかだった。それなのに、『大人』はその世界に亀裂《きれつ》を入れた。私は、そのとき初めて悩むことを知ったのだ」

少年はたちまち顔を上げて師を見た。

「師よ。その通りです。あなたは、ぼくの苦しみを見事に言い当てました。そうなのです。ぼくには他人が当たり前だと考えていることがわからないのです。当たり前の世界には問うてはいけないこと、考えてはいけないことがあるのですか？　けれどもぼくみたいに、それがどうしても忘れられず、考えずにいられない者もいるのです。

記憶の初めの頃のある日、一人で道を歩いていて、突然、ぼくはいつか死ぬんだと、わかったのです。

ぼくは死ぬ。でも、ぼくが死ぬとはどういうことか？　このぼくがいなくなる。今いなくなると考えている、このぼくがいなくなる。死ぬぼくもいなくなる。なのに死ぬ。死ぬ。

そのとき、風景が急に逆に流れ出しました。

死ぬことを考えているぼくが死ぬ。ああ、ぼくは本当に今生きているといえるのか。ぼくはどこにいるのだろう。ぼくは今本当にぼくなのか。

ぼくは道ばたにしゃがみこんでしまいました。死ぬことも、ぼくがぼくであることも、わからなくなってしまったのです。

わからないのです。今もわかりません。何もわからない。誰かわかったのでしょうか。誰もわからないのでしょうか。わからないのに、なぜ大丈夫なのでしょう。なぜ当たり前なのでしょう」

「友よ。そのとき君は大人にたずねただろう。死ぬとはどういうことか。死とは何か。すると大人は答える。

天国に行くの。

遠い世界に行くの。

お空の星になるの。

けれども、友よ。それは君の聞きたいことではないのだ」

「そうです！　師よ、そうです！　ぼくはどこに行くのか知りたいのではない。どこに行こうと行くまいと、死ぬとは何か、それが知りたいのです。ぼくがいなくなる。消えてしまう。それはどういうことなのか。知りたいのはそれなのに！

師よ！　大人はわからないのです！　答えが、ではない。大人は、ぼくの質問が何を意味しているのかわからないのです。それさえわからないのに、死んだ後のことはわかると言うのです！」

「友よ。違うのだ。君の質問の意味はわかっている。わかっているから、死んだ後の話をするのだ。大人も一度は君と同じことに気がつく。しかしそれは決して答えられない、とても危険な問いなのだ。だから、隠そうとする。自分もそうされたように、隠そうとする。大人になるとは、そういう問いを隠していくことなのだ。隠すことで当たり前の世界はできているのだ」

「師よ。それは間違っています。その問いに答えようとしないのは、隠そうとするのは、卑怯《ひきよう》です。それは一番大切な問いではありませんか」

「そうだ。しかし、この一番大切な問いに答えられないことは本当だ。答えられなければどうするか。それが大切であるがゆえに隠すか、答えられなくてもその問いに向かい合うか」

「隠すのはいやです」

「友よ。多くの子供は大人に隠され、問いを忘れて、当たり前の大人になっていく。しかし、数少ない子供は、隠されていることを忘れない。どちらがよいのか、正しいのか、私は知らない。ただ、忘れられない者は考え続ける。苦しむ。だが、そうする他はない。それは彼の運命だ。そして君の運命だ」

「なぜです。みんなが考えるべきこと、考えなくてはいけないことではないのですか？」

「そうではない。考えてしまう人と、考えなくてもすむ人がいるだけだ。そして、考えなくてもすむ人が、世の中の仕組みをきめていく。その世の中で、考えてしまう人は迷い、遅れ、損をする」

「ああ、それはあまりに不公平だ」

「そうだ。しかし、友よ。考えなくてもすむ人も、いつか考えるときがくるかも知れない。隠されていた問いが現れ、忘れていた問いを思い出すかもしれない」

「師よ。それはいつですか」

「大人であることに疲れるときもある。偶然が身の回りのすべてを壊していくこともある。日々、我々は病み、老いていく。そして誰もが、人はただひとりで死んでゆくことに気づくのだ」

「考えていた人が酬《むく》われるのですね？　救われるのですね？」

「いや。何も酬われない。救われない。ただし、大人たちは、それまで考えなかった人たちは、君たちがこの世に存在し、考え続けてきたことの意味を理解するだろう」

「師よ。ぼくは考え続けていいのでしょうか。考え続けた方がいいのでしょうか」

「友よ。それは君が決めることだ」

老師は少年の肩に静かに手を置いた。

「さあ、立ちなさい。我々の時は過ぎた。行くのだ」

少年が出て行くと、老師の背後の扉が開いて、少年よりすこしばかり幼く見える少女が、小さな桶《おけ》をもって入ってきた。そして老師の前に坐ると、いつものように両手でその足を洗い始めた。

「老師。彼は今夜、何を学んだのでしょう」

「彼は今夜、自分が一人ではないことを知ったのだ」

第一夜

月に照らされた森の道を少年が抜けると、庵《いおり》の前の木陰に、坐《ざ》して瞑想《めいそう》する老師の姿が見えた。

老師は立ち止まる少年に気づくと言った。

「友よ。中に入ろう」

二人は庵の中に入ると、火が足されたばかりの炉の前に坐《すわ》った。

「師よ。ぼくには、今まで人に尋ねることのできなかった様々なことがあります。また、人に尋ねても、笑われるか嫌われるだけだった質問があります」

「わかっている。言いなさい」

「あるとき、一人の男が自ら首を切りました。それを見て人々は言いました。恐ろしいことだ、悪いことだ、生きていればよいのに、生きていればいつか楽しい良いことがあるのに、と。

　ですが、師よ。それは本当に悪いことですか？　認められないことですか？

生きていることは善いことと決まっているのですか？　それはなぜですか？」

「友よ。生きているのが苦しい人には、死が解決だと思われるだろう。生きているのが厭《いや》になった人には、死は休息だと思われるだろう。ところで、君は今、解決か休息を欲しているのか？」

「違います。そうではありません。ぼくは苦しくもなければ、疲れてもいません」

「では、どうして君は死を考える」

「ぼくは死にたいのでも、生きるのが厭なのでもありません。ぼくが知りたいのは、どうして人は、ぼくは、死を選ぶことができるのかということなのです。望んだわけでもなく、なぜ、この選択が、生きているぼくたちには可能なのでしょう？

師よ。ぼくにはわかっています。可能なことがすべて正しいわけではないことが。でも、可能なことが、すべて悪いわけでもないでしょう？　もし生きているのが善いことと決まっているなら、なぜ、ぼくたちは死を選ぶことができるように生まれてくるのですか？」

「ああ、友よ、そのとおりなのだ。生も死も、善いことだと決まっているわけでもないし、悪いことと決まっているわけでもない。それは人が決めることで、初めから善い生や悪い死があるわけではない」

「では、自ら死を選ぶことは悪いことではないのですね」

「善悪を言うのは、意味がない。それは人の一時の判断で、なんら確かな根拠はない。しかし、友よ。人は自ら死ぬべきではない。たとえ、それが悪いことでなくても、その人にとって生きることが死ぬことよりはるかに辛《つら》いことだとわかっていても、自ら死ぬべきではない」

「それはなぜですか？　師よ、なぜそうなのですか？」

「なぜと問うてはいけない。理由を求めてはいけない。理由はないのだ。これは決断なのだ。友よ、君は自ら死を選んではいけない」

「でも、ぼくは死を選べるのです。死は悪いことではないと、師もいま言ったではないですか」

「選べるからなのだ。選べるから、死ではなく、生を選ぶ。理由のないこの決断が、すべての善きことをこの世に創《つく》るのだ」

「では、選ぶことができなければ、この世に善も悪もないのですか？」

「そうだ。理由もなく生を選ぶ。それだけがこの世の善を生み、善を支える」

「ああ、それは、苦痛だ！　それはぼくにはとても苦しい!!」

「友よ、君だけではない。多くの人にとってそれは恐るべき苦痛だ。だから人々は、この選択を別の存在に託す。彼の責任にして、彼の命令に変える。〈神〉だ」

「でも、〈神〉の命令に従うか否《いな》かは選べます」

「そのとおりだ。同じことなのだ。自ら決断するか、〈神〉の命令に従うか。そして、友よ。私はかつて、自ら生を決断したのだ」

「そのとき、師に〈神〉はいなかったのですか?」

「私は〈神〉の前を去ったのだ」

「師よ、ではもう一度うかがいます。師の選ばれた生は、善き生なのですか?」

「そうではない、友よ。生に善悪はない。人は善き生があると信じ、それを求めて罪悪を犯すことさえある。選ばれた生が、善きことを生み出すことがあるというだけなのだ」

「しかし、選ばれた生が悪いことを起こすこともあるでしょう」

「そういうこともある。私はただ、生を選んだ者が、善を行い悪を避けることを願う。死に対して生を選んだ者が、その意味を自ら考えたとき、悪を忌《い》み、善を求めることを信じる」

「師よ、それはどうしてですか？」

「生きるとは、共に生きることだからだ。善とは共に生きることを受け容《い》れ、認め、喜ぶことだからだ。

ただし、友よ、間違ってはいけない。自ら生を選び、生きることを決断する者は多くない。おおよその人々は、ただ生き、ただ死んでいく。喜びや悲しみ、楽しさや苦しさ、愛と憎しみ、さまざまな感情を経験しながら、生まれてから死ぬまでの道のりを、生を想《おも》わず、死を願わず、それぞれの足で歩いていく。この道のりには善もなく悪もない。もし、その道のりに何の疑問も抱かなければば、彼の一生は安らかだろう」

「それは幸福なことなのですか」

「それは、道を歩く人自身が決めることだ」

「では、生を敢《あ》えて選ばなければいけない人は不幸なのですか？」

「それも彼の決めることだ。私はただ、困難な生だと思う。苦しい生だと思う。

彼は、自ら生を選んだがゆえに、善と悪を自ら考え、決めなければならない」

「師よ、なぜそのような苦しいことをしなければいけないのでしょう」

「しなければいけないのではない。そうせざるをえない人がこの世にいるだけなのだ。その生はまさに困難であろう。しかし、友よ。私はその生に共感し、その生を気高いと思う」

「では、ぼくの選択肢の中に生と死があることに気がついたことは、善いことでしょうか」

「友よ、言えるのはこれだけだ。私もかつてそうだった。そして今、生きている。君に話をしている」

「師よ。また来てもよろしいでしょうか」

「君に必要なこともあるだろう」

老師がそう言うと、少年は立ち上がった。


老師が戸口で森の道を遠ざかって行く少年の姿を見ていると、夜の冷気を心配して少女が近づいてきた。

「彼はまだ何度も来るのでしょうか?」

「来ても無駄だとわかるまではな」

老師は静かに戸を閉めた。

第二夜

老師の庵《いおり》が見えるところまで来て、少年は立ち止まっていた。

「今夜、師に会ってよいものか。ぼくの考えていることは、恥ずかしい、くだらない、馬鹿馬鹿《ばかばか》しいことばかりだ。だが、他にこのことを尋ねられる人がいない。おそらく、それを尋ねる者の気持ちに同情してくれる人も、老師以外、ぼくにはいない」

少年はそう迷いながら庵の扉を押した。すると目の前に老師は立っていた。

「友よ。いそいだのか」

「師よ」

「友よ。坐《すわ》ろう。心を静めよう」

「師よ。ぼくの知りたいことは、恥ずかしい、くだらない、馬鹿馬鹿しいことばかりです。でも、それを師に質問しないではいられないのです」

「もうよい。ここでそれは言わなくてもよいのだ」

少年はしばらく黙った。そして小さいけれど強い声で短く言った。

「ぼくは誰ですか」

「なぜそれを知りたいのだ」

「でも、師よ、ぼくはぼくなのに、ぼくではないのです！」

「それで何か困るのか？」

師は空色の瞳《ひとみ》で少年を包むように見た。

「しかし、師よ……」

「友よ。君の言うとおり、その問いはくだらない。だが、人は身を切るようにせつなくそれを思う」

少年はただ聞いていた。

「君は会ったこともない人を捜し出すことができるか」

「できません」

「ならば、君が知りたいことを知ることはできない」

「わかりません、師よ」

「『ぼくはぼくなのに、ぼくではない』と、君は言った。その問いで、君は何を知りたいのだ」

「師よ、本当の自分です。本当の自分が知りたいのです。今のぼくはぼくではない！　人々の中で、人々の前で、求められるように振る舞い、そうあるべきように振る舞うぼくは、ぼくではない！　それは仮の、嘘《うそ》のぼくなんだ!!」

「そうだろう、そう言いたいのだろう」

師は、懐《なつ》かしいものを見るように微笑《ほほえ》んだ。

「君は『本当の自分』ではない。だから、『本当の自分』はわからない。だから、本当の自分を永遠に知ることはできない。会ったことのない人はさがせない」

「しかし、しかし、師よ。世には、それを教えると言う人がいます。それを知る手段があると言う人がいます」

「間違っているのだ。間違っているのだ、友よ」

「何がですか」

「彼らは、問い方を間違えている。彼らは『私』という言葉を知らない」

「違います、師よ。これは言葉の問題ではない。今ここにいる、このぼくの問題でしょう！」

「違う。もしそうなら、今ここにいる自分がそれほどはっきりとわかるなら、君は『本当の自分』を問わないだろう。本当に問題なのは、『本当の自分』を知ることではない。君が『本当の自分』を苦しいほど知りたいと思う、そのことだ」

「わからない。わかりません」

「人はみな、当たり前に『私』という。しかし、この言葉は何を意味しているのか？　友よ、君もまた簡単に『ぼく』と言う。それは何を指しているのか？」

「それは……」

「何だ」

「……」

「体か？」

「いいえ」

「心か」

「そうかもしれません」

「いつの心か」

「今のです」

「今はもう過ぎた。過去の心はすでにない。未来の心はまだない。そして、過去の心と今の心と未来の心が、同じ『ぼく』の心だと、なぜ言えるのか」

「では、なぜ、ぼくはいつでもぼくなのでしょう」

「人は思う。かわらぬ『私』を支える何か確かなものがあるはずだ、と。だが、それは、どのようにしても見つけられない。なぜなら、『私』という言葉は、確かな内容を持つ言葉ではなく、ただある位置、ある場所を指すにすぎない」

「その場所はどこですか」

「『あなた』や『彼』ではないところ、『いま、ここ』だ。『私』はそこについた印なのだ」

「それだけのこと?」

「それだけだ。その場所に人は経験を集め、積み上げ、それを物語る」

「物語る？」

「集められ、整理され、まとめられる。それが言葉を持つ人間というものの在り方なのだ。『私』という名前の物語を作らなければならない」

「師よ、では、だれが整理するのですか、だれが『私』を物語るのですか」

「少なくとも、それは『私』ではない」

「師よ、誰かいるはずでしょう！　それが『本当のぼく』でしょう！」

「違うのだ。友よ。もし『本当の私』があるとすれば、それは『私』という物語を作らせる病、としか言えない。あるいは、『あなた』や『彼』と共にいる中で経験される、『嘘の私』へのいらだちとしか言えない。『ぼくは本当のぼくではない』と君は言う。人にそう言わせる、この亀裂《きれつ》、この裂け目、この痛みとしか言えない」

「では、『本当の自分』をさがす人はただ愚かなだけですか?」

「そうだ。しかし、愚かさでしか開けない道もある」

師はふいに少年の肩に手をおいた。

「君はいまここで、私と話をしている。それが本当の君であろうと嘘の君であろうと、君なのだ。我々二人にとって、それで十分だ。そして、そのこと以外に、我々の頼りになるものはない」

少年は灰色に光る老師の瞳を見た。

「友よ。『本当の』と名のつくものは、どれも決して見つからない。それは『今ここにあること』のいらだちに過ぎない。苦しみにすぎない。『本当の何か』は、見つかったとたんに『嘘』になる。またいらだちが、還《かえ》ってくる。もし、『本当の何か』が見つかったとすれば、それはどれもこれもすべて、あるとき、ある場合に、人の都合でとりあえず決めた約束事にすぎない」

老師の低い声は少し強くなった。

「友よ。『本当』を問うな。今ここにあるものが、どのようにあるのか、どのようにあるべきなのかを問え」

「師よ、どう問うたらいいのでしょう。ぼくにはそれがわからない、それこそがわからないのです！」

「君は扉の前まで来た。中に入りたければ入るがよい。しかし、それは今夜ではない」

「師よ。また扉を開けに来ます」

少年は立ち上がると、静かに頭を垂れ、庵を出て行った。

「師よ。お休みの支度ができました」

部屋の暗がりで少年が出て行くのを待っていた少女が老師に声をかけた。

「いささか疲れたな」

「彼が今度来たらお断りしますか」

「また来るだけだ。愚かさは繰り返す。繰り返している内に、愚かさに気がつくときもある。そこからしか出ない知恵があるのだ」

第三夜

少年が庵《いおり》の戸口まで来ると、中でかすかな物音と声がした。何の用心もない扉を静かに開けると、炉の火は落ち、いつもの部屋は暗かった。

その少し奥から、光が四角く漏れていた。

「私はここだ。入りなさい」

少年は光に近づき、二つ目の扉を開けた。老師はベッドに横たわっていた。その身は意外に大きかったが、長く伸びた様子が病を感じさせた。

「師よ、今夜は帰ります」

「よいのだ、友よ、その椅子《いす》にかけなさい」

「お加減が悪いのですか」

「ときどきこうなるだけだ。気にすることはない」

ランプの柔らかい光に照らし出された老師の顔は、半ば翳《かげ》って、見開いた眼が潤《うる》んで見えた。

「師よ……」

「友よ」

少年が話し始めると、老師はそれをさえぎった。

「友よ。君は、今夜も言いたいことがあってここに来た、と思っているだろう」

「はい」

「それは違う。君は寂しいからここに来たのだ」

少年は返事をしなかった。

「この老人だけが自分の心をわかってくれると、君は思っている。だが、それは間違いだ」

「ですが、師よ」

「私にわかるのは、君の心ではない。君の苦しさなのだ」

「だから、ぼくは師こそ一番よくわかってくれる人だと思うのです」

「それは、私にはどうでもよいことだ。私が見ているのは君ではない」

「では、師の苦しみは何なのですか」

「それは話しても意味がない」

「ですが、師よ。意味があるかないかを決めるのはぼくです！」

少年は勇気を奮い起こして言い放った。師は、この夜初めて大きく柔らかく微笑《ほほえ》んだ。

「そうだ、そうだ。ならば今夜は私の話をしよう。だが、話の中に私を見るな。それは全く無意味だ。君はある人間がどのように苦しむのかを見るのだ」

師は枕《まくら》に身を預けるようにして、わずかに起き直った。

「幼い頃、まだ私に『私』の記憶がない頃、ある出来事があった。

私は小川に沿った道を歩いていた。すると、先の方で、ある老人が道ばたに腰をおろし、片手を小川の中に入れていた。何をしているのかと近づいてみると、竹籠《たけかご》に捕らえたネズミを、水に浸けて殺していたのだ。たぶん、家の貯《たくわ》えでも荒らされたのだろう」

老師はそのネズミが見えるかのように視線を宙に据えていた。

「キーッ、キーッと何かを刺すようにネズミは鳴き、小さく鋭い爪《つめ》で籠を掻《か》きむしっていた。私は老人の大きな背中の後ろに立ちすくんだまま、ただその音を聞いていた。

すると、気配を察したのか、突然老人は肩越しに振り返った。そして私の目を見上げて、顔中の皺《しわ》を撓《たわ》めて、にやっと笑った。

そのとき、私のどこかが裂けた。それまで、どうということもなかった世界の何かが、突然欠けた。もう、ネズミもこの老人もどうでもよかった。いや、いなかった」

老師は少年の視線に気がついて頭を上げた。

「というよりも、そのとき初めて、私に『私』が、そして『世界』が現れた。その『世界』には、大人という『他人』がいた。それは誰か。こうやってネズミを殺せる人。それが、そのころの私にとって、大人であり、他人であり、『人間』だったのだ。あのときのことを言葉で表すなら、そうなるのだろう」

「怖かったのですか」

「怖いなどとは全く思わなかった。ただ、すべてが違ってしまった。突然『私』が『世界』に『他人』といた。驚きが大きすぎて、泣くことも思いつかなかった」

「ああ、師よ。ぼくにもあります！　あるのです！」

「知っている。君はもうそれを語った。だが、友よ。『ぼく』とは関係ない。それは『ぼく』にあるのではなく、人間にあるのだ。それが人間になることなのだ。

別のある者はこう言った。

ある日、気がついたら迷子になっていた。ここはどこだろうと、泣きながら母をさがして歩いていたら、ある角を曲がったとたん、急に『ここはどこだろう』が『ぼくは誰だろう』にひっくり返ってしまった、と。

それは呼吸が止まるほど、恐ろしい経験だった。あまりの恐怖に、彼はそれこそ火がついたように泣き始め、通りがかりの人に助けられた。母親が見つかっても、大声で泣き続ける彼に、まわりの誰もが当惑したようだ」

「師よ！」

「わかるか」

「はい！」

「なぜ、わかるのか。それは君が人間だからだ。彼の気持ちが君にわかるのではない」

「人間とは何ですか」

「裂けたもの、欠けたものだ」

「何が裂け、欠けるのですか」

「人はそれを探して、苦しむ」

「老師も」

「これが始まりだった」

「今も探していますか」

「探している」

と、老師は言い、少し声を強くして言った。

「ただし、裂けたもの、欠けたものを、ではない」

「違うのですか？」

「人はここで間違う。何かが欠けるのではないのだ。ただ欠けるのだ」

「では、何を探すのです」

「ただ欠ける。だから、ただ探す」

「わかりません。まるでわかりません！　師よ！」

少年はどこかに痛みを感じた。

「友よ、そうだ。わからないはずだ。ただ欠けるのだとわかる前には、私も自分から欠け落ちた何かを探していた。しかし、その話を今はできない」

師の眼から急に光が失われていった。体が低く、薄くなった。

「ああ、師よ、すみませんでした。今日はもう帰ります。でも、きっとまた来ます」

少年は立ち上がると、走り出すように出て行った。

老師の部屋の扉が再び開き、少女が湯気の立つ茶碗《ちゃわん》を盆に乗せて入ってきた。

「ご気分は？」

「こんなものだ」

少女は両手でゆっくり老師の体を起こし、茶碗をそっと手渡した。

「師は彼が好きなのですか」

「医者は、患者が好きで治療をするのではない」

「でも？」

「あの病み方は好きだろうな」

「病み方？」

老師は茶を一口飲むと言った。

「色々な病み方がある。治りはしないが、生きてはいける。それでいいのだ」

第四夜

少年がやって来たとき、老師は眠っていた。病はまだ癒《い》えていなかった。

少年は、頬の骨が浮き出し、深い影が宿るようになった老師の顔を見つめたまま、もうどれほどの時間が経《た》ったのかを忘れていた。

「友よ。いつ来たのだ」

少しかすれた声とともに、老師の眼は見開かれた。

「来たばかりです」

「今夜の君は静かだ。とても」

「師のお話を聞きたくて来ました。それだけです」

少年は少し前かがみになった。

「師よ、お起きになりますか」

「いや、このままでよい」

老師は胸の上に手を組んだ。

「前の夜、私は君に人間とは裂けたもの、欠けたものだと言った。君は何が裂け、欠けるのかと言った」

「ただ欠けるのだと、師は仰《おっしゃ》いました。それがぼくにはわからないのです」

少年の声はささやくように小さいが、強くなった。

「友よ。続きの話をしよう。

殺されるネズミを見て以来、私には、小さいけれどもごまかしようのない不安がとりついた。それは胸の奥の種火のようなもので、何かをきっかけに燃え上がり、私を焼くのだ。

それなのに、私にはこの不安の意味が、正体がわからなかった。大人に訊《き》きたくても、何を訊いたらいいのかがわからなかった。ネズミの話をすれば、早く忘れろと言われる。死ぬとはどういうことかと訊けば、あの世や空の星の話になる」

「それで気がすめばよいのだろうけど……」

そう少年がつぶやくと、老師は微笑《ほほえ》んだ。

「すまないときには、どうしようもないな」

老師の視線は少年の顔から窓に移った。

「何かがおかしい。自分は変だ。そう思うことが、年齢とともにますます多く、強くなった。周囲の誰も私のようには考えていないように見える。私は自分自身とうまくいかなくなってしまった。

家族も私の異変に気づき始めた。ちょうどその頃に、私は外に出られなくなった。友よ。君くらいの歳《とし》になった時だ」

少年はかすかにため息を漏らした。

「大人は毎日とりあえず、忙しそうだった。友達はみな何はともあれ、学園に通っていた。父と母は私をひたすら心配し、嘆いた。医者も呼ばれた。しかし、友よ。彼らの中に私の場所はなかった。私は外に出られなかったのではない。外に私の入っていける場所がなかったのだ」

「その頃の師は、変なのは自分ではなく、ほかの人たちだと思っていたのでしょう」

「そう思いたかった。だが、違う。私はどちらが変なのかわからなかったのだ」

「師よ。ぼくは以前、父にこう言われました。『お前のように考え悩むのは苦労がないからだ。楽をして暮らしているからだ。飢えや病に苦しむ人たちにくらべれば、実にくだらない、贅沢《ぜいたく》な悩みだ』と。

ぼくはそのとき思いました。このような人たちは何もわかっていない。確かに飢えや病は苦しいだろう。しかし、ぼくも苦しいのです。二つの苦しみはくらべられないし、くらべても意味がない。飢えや病は食べ物と医術で癒《いや》されるかもしれないが、ぼくの苦しみは何で癒したらよいのでしょうか」

「友よ。そのとおりだ。生きていくことの苦しさと、生きていることの苦しみは違うのだ」

「では、師よ。ほかの人たちが、父のような人たちが間違っているのではないのですか」

「私は、ただ、違うと言っただけだ。違いを知らないことが間違いだと言ったのではない。

友よ。君は賢い。昔の私よりはるかに賢い。何かが正しく、何かが間違っていると考え、正しいことを知ろうとする。だから、見えない。わからない。君が知った『正しいこと』が、全《すべ》てを隠す」

ゆっくり廻された灰色の眼が少年の眼を射抜いた。

「友よ、しばらく聞くのだ。

ある日、見知らぬ人から私に手紙が届いた。その手紙には、こうあった。

『あなたの苦しみは多くの人の苦しみなのだ。その苦しみを救う神殿の聖者を訪ねなさい』

私は驚いた。私の苦しみが多くの人の苦しみ？　そうなのか？　ならば、なぜ私の周囲にはそういう人が一人もいないのか？」

少年は思わず笑い出した。

「そうですよね」

「そして苦しみを救う人が本当にいるのか、確かめようと思った。だから私は神殿に行った」

老師の眼は再び宙を見た。

「人々の長い列が、大きな石の門から外に続いていた。老人もいれば若者もいた。男も女も。右の門から人は入り、左の門から人は出てきた。出てくる人々は、ある者は晴れやかに微笑み、ある者は悲しげにうつむき、またある者は険しい顔つきをして、頭を振り振り帰って行った」

「人々はみな、師と同じ苦しみを持つ者だったのですか？」

「わからなかった。私は並んでいる誰とも話をしなかったのだ。聖者に会えれば、それでわかるだろう。私の問いに答えられるなら、同じ問いを持つ者も来たはずだ。私はそう思った。

聖者は神殿の奥の台座に坐《すわ》っていた。真白な衣に包まれた身には、上から一《ひと》条《すじ》の光が降り注いでいた。

私が前に立つと、彼は手を私のほうに伸ばし、ようやく聞き取れる低い声で言った。

『ひざまずけ。礼拝せよ。そして、私の前に坐《ざ》せ』

私は言われたとおりにした。聖者の口から高い声が響いた。

『言うがよい』

『聖者よ。人はなぜ死ぬのか。私とは何か』

『わからないのか』

『わからないのです』

『それはお前が忘れたからだ。お前はそれを知っていた。この世に死のある理由も。お前が誰かということも』

『忘れた？　いつ忘れるのです？　知りもしないのに』

『お前は生まれる以前にすべてを知っていた。教えられたからだ』

『誰が!?　誰が教えたのです？』

『〈神〉だ』

聖者は即座に言った」

聞いていた少年が小さく息を吐いた。

「私もすぐに問い返した。

『生まれる前の私とは誰です？』

『〈神〉の子だ』

『えっ？』

『それが本当のお前だ』

『しかし……』

『理解できまい』

『はい』

『そうだ。これは理解することではない。信じるのだ。理解できないから受け容《い》れられない。〈神〉はそれを罰する。生まれる前に〈神〉の子であったお前は、そうであるにもかかわらず、他の苦しむ人間と同じように、〈神〉を受け容れず、その傲慢《ごうまん》ゆえに〈神〉に罰せられたのだ。今お前が死の意味を知らず、真の自己を知らないのは、その罰ゆえなのだ』

聖者の声は神殿にとどろいた。

『赦《ゆる》しを請《こ》え！　そして再び仕えよ！　〈神〉の手に身を委《ゆだ》ねるのだ！』」

「師よ、師よ」

少年は急に大きくなった老師の声に驚いた。

「友よ。そのとき私は何を感じたと思うか」

「怒りですか」

「違う。寂しかった。私には信じることができない。それが寂しかった。

聖者の教えは美しい。その教えは、神殿の柱のように真《ま》っ直《す》ぐ〈神〉へと貫かれ、その他に不純なものは何もない」

「なぜ信じられなかったのです」

「理解したかったからだ」

老師は、誰でも昔を思い出すときにそうなるような、おだやかな口調で言った。

「理解したいと思うことが、傲慢で罰せられるような罪だと断言することのほうが、そのときの私には、もっと傲慢に思えたのだ」

「師は今でも〈神〉を信じたいと思っているのですか」

「それは夢だ。憧《あこが》れなのだ。だが、私には見つめ続けなければならないものがある」

「今も」

「あの時から今まで。そしてこれからも」

二人はしばらく言葉を発しなかった。

「私は〈神〉の前を去った。最後に聖者は私に言った。

『永遠の罪人よ！』

私はただ寂しいだけだった」

「師よ」

「帰るか」

「はい」

「また来るのだ」

老師は初めて少年にそう言った。


その夜、少女は扉の陰で二人の会話のいくつかを聞いていた。

老師の寝床を直し、灯りを小さくしながら、少女は老師に言った。

「いまの彼に〈神〉はいるのでしょうか」

「彼はそれを欲している。一度は見つけた。だが役に立たなかった。だからここへ来る」

「それは悲しいことですか」

老師は乾いた声でつぶやいた。

「ただ単に、仕方のないことだ」

第五夜

歩きながら、少年は考えた。

「師は〈神〉から去ったと言った。信じることができず、理解したかったからだと。では、理解できないことは、信じればいいのか？　信じることと理解することは違うのか？　もちろん違うだろう。しかし、どう違うのか？　そもそもこの疑問に、意味があるのだろうか？　老師の言葉の大切なことがらと関係するのだろうか？」

それも少年にはわからなかった。ただ、信じることと理解すること、この二つのことが、彼の心を捉《とら》えて放さなかった。

庵《いおり》の窓からは、オレンジ色の光が見えていた。

「師よ」

少年は明るい声で扉を開けた。

「友よ」

老師は壁に身をもたせかけてはいたが、炉の前に坐《ざ》していた。

「起きていてよろしいのですか」

「今日は気分がよいのだ」

「師よ」

少年は以前のように師のかたわらに坐《すわ》った。

「友よ。よく来た。君には質問があるのだろう。だが、もう少し私の話を聞くのだ。続きを話そう」

背を壁から離し、老師は少年の方に体の向きを変えた。

「神殿の聖者を訪ねてからしばらくして、ひとりの若者が私の家にやってきた。

彼は言った。

『私は君を知っている。君は神殿の聖者のところへ行っただろう』

私が行ったと答えると、彼は続けた。

『私もあの日、神殿に行った。そして神殿から出てくる君を見た。その君の顔を見たとたん、私は思った。ああ、君は私と同じだ。神殿の聖者の教えを受け容《い》れられないのだ』

『というよりも……』

と、私が言いかかると、彼は即座に、

『いや、そうなのだ。私にはわかる。君には信じられない。私も結局そうだった。私は何度も聖者の話を聞いたが、やはり信じられなかった。ならば、君、私と一緒に洞窟《どうくつ》の隠者のところへ行こう。彼こそ真実を語る者だ。彼こそ私たちに真理を見せる者だ。我々の知りたいすべてを教える者だ』

友よ、私は行くことにした」

「その若者の言うことを信じたのですか？」

「無論、違う。しかし、友よ。こういうとき、君も彼について行くだろう」

「そうですね」

少年は微笑《ほほえ》んだ。

「彼と私は森の奥、川の上流、岩山の陰に隠れている洞窟へ行った。遠くにかすかな明かりが見えた。洞窟の入り口で彼は言った。

『隠者よ。友を連れてきました』

何の答えもなかった。しかし彼はそのまま中へ歩み入った。

『行こう』

進んでいくと、小さな焚《た》き火の向こうに、灰色の髪が背中まで流れる老人が坐っていた。腰の周りをわずかに覆《おお》うばかりの老人は、浅黒くこれ以上やせようもないほどやせていたが、幾重もの皺《しわ》に囲まれた眼は、何かを照らし出そうとするかのように強く見開かれていた。
『神殿の聖者の前を去った者とはお前か？』
隠者は少し震えてはいるが老人とは思えない大きな声で私に言った。
『そうです』
『なぜか』
『理解してはいけない、信じろと言われたからです』
そのとき隠者の口元にかすかな笑みが浮かんだ」
「笑ったのですか」
少年は口をはさんだ。
「笑った。そしてすぐに、ゆっくり、はっきりと言った。
『信じるということは、隠すことに過ぎない。〈神〉は永遠の夜なのだ』
『何を、何を隠すのです』

私を連れてきた若者は、いつの間にか隠者の背後に坐っていた。彼が叫んだ。

『虚無だ！』

『虚無？』

隠者は再び口を開いた。

『お前は神殿の聖者にたずねただろう。人はなぜ死ぬのか。私とは何か』

『はい』

『その答えはない！　人は理由も意味もなく生まれ、そして死ぬ。私とは何か……、何ものでもない！　その問いの答えは、すべて錯覚だ。見えるものも聞こえるものも、ただ見えるだけ聞こえるだけにすぎない。本当は何もない。何かがあると考えても、それは考えただけのことにすぎない。何もかもが虚無の淵《ふち》にかかる虹《にじ》のような幻なのだ』

『しかし……』

『昼の〈神〉は、虚無から眼をそらす者が、代わりに見る幻想なのだ。虚無に耐えられぬ者が見る夢なのだ。耐えることのできぬ弱い者たちが皆で一緒に見る夢は、彼らにとっての現実になるのだ。だが、我々は夢から覚めた。虚無を見たのだ』

隠者はゆっくり立ち上がった」

少年はたまらずに言った。

「師よ、師よ、ぼくにはそれが耐えられないのです。その虚無が苦しいのです」

「そうだ。友よ、その虚無が我々にも見えるのだ。私は隠者に言った。

『隠者よ。すでに私は生き、世界はここにあります。すべてが虚無ならば、私はこの世界で、どうしたらよいのですか。すべてが無意味なら、死んでしまえばよいのですか』

『自ら死ぬ意味もない』

隠者は憐《あわ》れむように言った。

『欲望を捨てよ。意思を捨てよ。思考を捨てよ。行動を捨てよ。我と世界を捨てよ。川が海に流れ込むように、いつか最後の時が我々を虚無に流し込むまで、目覚めながら眠り、生きながら死ぬのだ』

隠者の言葉は次第に小さく低くなった」

少年は老師の眼を射抜くように見た。

「師よ、その隠者はあなたの師なのですか？」

「そうではない」

「ああ！」

少年は突然泣き出した。

「そうですか！　そうか！　ああ、よかった！　よかった」

「友よ。彼は私の師ではない。なぜ私は彼を師としなかったのか。彼の言葉は私を驚かした。私を動かす力があった。私は彼に従いかかっていたのだ」

老師は涙ぐむ少年の肩に手を触れた。

「だが、そのとき、私の眼に、あの若者が映った。私をここに連れてきた若者、彼はそのとき隠者を見上げたまま、手足を縛られた者のように身じろぎもしなかった。その姿を見たとき、私はふいに思ったのだ。これは〈神〉を信じる人と同じ姿ではないのか。虚無とは〈神〉の別の名で、虚無を悟りすべてを捨てるとは、〈神〉を信じて従うことと変わらぬのではないか」

「師よ」

「問うべきことを問うのだ」

「信じるとは何ですか、理解するとは何ですか」

「理解できないことが許せないとき、人は信じる。信じていることを忘れたとき、人は理解する」

少年はじっと老師を見つめた。

「師は〈神〉から去って、虚無をどうしたのですか？」

「やり過ごしたのだ」

「師よ。師の師は、誰なのです？」

「私は疲れた」

少年は老師の足に手を触れた。

「おやすみなさい。安らかな眠りを」


少年が出て行くと、少女は老師の体を支え起こし、寝室へと導いた。

「師よ。彼にも聖者や隠者がいたのでしょうか」

「いた。ただ、それは彼自身だ。答えを求め続ける欲望がそれなのだ」

「欲望」

「聖者も隠者も欲望の影にすぎない」

第六夜

老師の瞑想《めいそう》は続いていた。少年が庵《いおり》の扉を開け、師のかたわらに坐《ざ》しても、その瞑想はやまなかった。この部屋で聞いたいくつかの言葉を思い出しながら、少年はしだいに時の経過を忘れていった。

「生きていることを……」

老師の結ばれていた唇が解けた。

「恵みだという人がいる。しかしまた、災いだという人もいる」

老師はゆっくり炉の火にむかって眼を開いた。

「友よ、君はどちらだと思う？」

「わかっていれば、ここには来ません。ただ、〈神〉を信じることができる人なら、恵みだと思い、虚無を見てしまった人なら、災いだと思うのでしょう」

少年も火を見たまま、答えた。

「恵みか災いか、その答えに意味はない。というよりも、答えてもしかたがない。しかし、問いはある。それに人は答えようとする。恵みか災いか、それはどうでもよい。答えを求めるそのことの、耐え難さ！」

老師の声の厳しさに、少年は驚いて師の顔をこの夜初めて見つめた。

「師よ、どういうことです？」

「〈道の人〉は私にそう言った。私も君と同じだった。何のことかわからなかった」

老師はゆっくり少年の方に向き直った。

「〈道の人〉はいつのまにか人々の中に現れた。誰も見知らぬ人なのに、気がつくと、彼は街中を、川岸を、森の中を歩いていた。そして、人々は、誰もきっかけが思い出せぬまま、彼と話をするようになっていた」

「どこに住んでいたのですか？」

「彼はどこにも住んでいなかった。誰かが彼を自分の家に泊めていたのだろう。そうでなければ、森の中だろう」

「師の家にも泊まったのですか」

「いや、父は彼を招かなかった。そしてごく控えめに、私に彼と話をしないように言った」

「師はなぜ彼と話をしたのですか」

「ある日、彼は私の歩いていたその道を、向こうから歩いてきた。その顔も姿もまださだかに見えないうちから、私は何か大きな力が近づいてくることがはっきりわかった。近づいてくるその人は、髪を剃《そ》り落とし、古い布を縫い合わせた衣をまとい、静かに歩いていた」

「老人だったのですか？」

「いや、老人ではなかった。彼は穏やかな輝きに満ちていた」

老師の眼はその昔の光がもどったかのように輝いた。

「私はそれ以上歩くことができずに、ほとんど呆然《ぼうぜん》として、次第に大きくなる彼の姿に見入っていた。すると、目の前まできた彼が、すれ違いながら言った、『君、ついてきなさい』と。私に考える間はなかった。何か暖かいものに巻き込まれるように、彼の後ろにしたがって歩き出した」

「どこへ行ったのですか」

「川の岸だった。彼は人目につかない場所を選び、一本の木の根元に腰を下ろすと、微笑《ほほえ》んで言った。

『どうしてついてきたんだね？』

そう言われたとき、私の中で何かが急に崩れ出した。私は泣いた。泣きたいわけでも、泣こうと思ったわけでもないのに。そのことを不思議に思いながら、しかし、涙は次から次へと出てきた」

少年の眼にもひとすじの涙が流れた。

「私は話した。これまでのこと。自分が苦しかったこと。神殿の聖者のこと。洞窟《どうくつ》の隠者のこと」

「師よ。彼が師の師なのですか」

「そうだ」

老師はほのかに笑みを浮かべて少年を見た。

「私が話し終えると、〈道の人〉はしばらく黙っていた。それから、私が君に言ったことを、静かに語りだした。

『人は答えを求めてやまない。恵みだろうと災いだろうと。〈神〉だろうと虚無だろうと。答えがないことに耐えられないのだ』

『当たり前でしょう！』

私は叫んだ。すると〈道の人〉はさらに静かに言った。

『どうして?』

『だって……』

言葉に詰まった。

『その答えとは何か? 何に対する答えか? 自分とは何か、なぜ生きるのかという問いへの答えか? 違う。それはたった一つの欲望に対する答えだ』

『欲望?』

と私が訊《き》くと、

『自分が自分であること、自分がいまここに生きていること、それを受け容《い》れたい。ただそれだけの欲望が答えを求めるのだ。そしてこの欲望だけが、生きていることの苦しみなのだ』

友よ、〈道の人〉はそう言った」

「師よ。しかし、人の欲はそれだけではありません。それに、自分であること、生きていることに苦しむ人は多くないはずです」

「そうだ。人の欲は財産であったり、地位であったり、名誉であったりするのがほとんどだ。だが、友よ。なぜだ？　なぜ人はそれを欲する？」

少年は答えようとした。だが、老師はそれを待たなかった。

「うらやまれたいからだ。ほめられたいからだ。認められたいからだ。誰もが欲するものを身に抱えることで、他人に欲せられたいからだ」

少年は声が出なかった。

「他人に欲望されることで、自分を支え、生きていることを受け容れる」

「だから、それを持てないから苦しむのでしょう」

「そうかもしれない。ならば、それを持てば苦しみはやむのか？」

「……やまないでしょう」

しばらく考えて、少年はやはりそう思った。

「〈道の人〉は言った。

『財産も地位も名誉も、人が生まれてくるときに一緒についてはこない。それは人が後からつくり出したものにすぎない。つくり出したものは壊れ、得たものは失われる。死は平等にすべてを奪う。つくられたものをいくら持ったとしても、人は自分も自分の生も受け容れることはできない』

ならば、友よ。人は、生まれる前からあり、生きている間もあり、死んでから後もある、つくられることのない、失われることのない、永遠に存在するものを欲するだろう。永遠に存在するものを信じて、たとえそのためにすべてを捨てても、それは欲望なのだ」

「〈神〉も虚無も」

「信じることにおいて、見ることにおいて、人は欲望する。自分であることを、生きることを受け容れさせるもの、すべての人の欲望の先にあるもの！」

老師は高まった自らの声をここで抑えた。

「友よ、〈道の人〉は私に言ったのだ。

『断念せよ』、と」

「〈神〉をですか、虚無をですか」

「そうではない。答えを出す、そのことをだ」

「答えられないからですか？」

「答えが問いを誤らせるからだ」

「えっ……」

「自分であること、ではなく、あること。自分が生きていること、ではなく、生きていること。それが正しい問いだ。わかるか？」

「いいえ」

「『自分を脱落せよ。ならば問いは消滅する』

そう〈道の人〉は教えた。これが答えを断念するということだ」

「師よ。ぼくにはわからないのです」

少年は泣いた。

「君は泣いている。わかっているからだ。それを教えてあげよう。明日の夜、待っている」


少年が去ると、老師は再び瞑想《めいそう》に戻ろうとした。そのとき、炉の火が戸口にたたずむ少女を照らし出した。

「聞いていたのか」

「はい」

「まもなく終わる」

老師は深い瞑想に入った。

第七夜

少年が森の道を抜けると、老師はまるで待っていたかのように、庵《いおり》の前の木陰に坐《ざ》していた。病から癒《い》えたばかりの体を小さな焚《た》き火が照らした。

少年は黙って、老師の隣に坐《すわ》った。老師は言った。

「今夜はよい風が吹く」

「師よ」

「友よ。わからなくてよい。君がわからないということが、私にはよくわかっている。なによりもむずかしいのは、わからなさを言葉で伝えることだ。君はそれを果たした」

「はい」

「聞け。自分が存在する。自分が生きている。そう思うから、人は自分とは何かを問い、なぜ生きているかを問う。しかし違うのだ」

老師は月明かりで藍色《あいいろ》に染め出された川の流れに目をやりながら話し続けた。

「自分が存在するのではない。存在するのだ。自分が生きているのではない。生きているのだ。問いはそこから始まる。『自分』からではない」

「しかし、師よ」

「そうだ。君は、誰が、と問いたいのだろう。それは誰でもない。『自分』とは、『誰が』の問いに対する答えになるような何者かではない。それは、『人間』と呼ばれるあるものが、存在するときに必要な器にすぎない。そのようにしか生きることができない形にすぎない。そして、『自分』という形で生きざるをえない存在を『人間』と呼ぶにすぎない」

「では、師よ、それは道具のようなものなのですか？」

「そうだ、友よ。水を飲むには器がいる。生という水を飲むにも」

「誰がその器で飲むのですか！」

少年は老師を真っ向から見て、今まで出したことのない大声で言い放った。

老師は静かに、しかし花が咲くように微笑《ほほえ》んだ。

「『自分』ではない。飲む者が誰だろうと、彼は器ではない。よいか。君の知りたい『誰』、それは『自分』であることを拒む。それは『自分』の外なのだ。『自分とは自分ではない』、〈道の人〉はそう言った」

少年の瞳《ひとみ》は翳《かげ》った。

「師よ、ぼくにはそれがわからないのです」

「そうではない。君にはわかっている」

「でも……」

「君は『それがわからない』と言う。それだ。『自分』は理解されない。理解されない『誰』なのだ」

少年の暗黒に何かが閃《ひらめ》いた。彼は刺すように老師の瞳を見つめた。

「自分とは誰か、そう考えること。考えられる不思議、考えないではいられない痛み、それ以外の答えは無意味だ」

「ですが、それは答えではない」

「と、何度も言っている」

老師はそっと少年の肩に手を置いた。

「〈道の人〉は私にこう言った。

『あるということも、生きるということも、今ということも、ここということも、この世界がこのようであるということも、〝自分〟という形でしかこの世には訪れない。だが、眼をひらけ。それは、あるだけであり、生きるだけであり、今だけであり、ここだけであり、世界であるだけだ。〝自分〟ではない』」

「ならば、師よ。このようにこの川が見え、このようにこの風を感じるのは、ぼくだけではありませんか！　師に見える川はぼくに見える川ではない。ぼくが感じるように、師が風を感じているわけではない！」

「そうだ、そうなのだ！」

老師は即座に言った。

「そのとおりだ。だが、見えているということ、感じているということは、『私』ではない。見えている川は川にすぎない。感じている風は風にすぎない。それを『私が見る』と言うとき、その『私』は、他のすべての者が『私』と言う『私』だ。『私』は他者からやって来る。だが、この川がこのように見えているという、そのことは、他の何事ともくらべることのできない、たった一つの出来事なのだ。だからそれは……」

少年は言った。

「『私』ではない」

「何ものでもない。そして『私』として生きるほかない限り、何なのか知ることもない」

老師は少年の髪をなでた。

「あのとき、〈道の人〉も私にそのことを教えたのだ。

『私がある、という思いを離れよ。離れたならば、もはや私は私ではない、世界は世界ではない。今は今ではない。ここはここではない。それは存在することではなく、生きることでもない』

私は、今の君のように言った。

『では、何なのです！』

すると〈道の人〉は静かに言った。

『断念せよ。それまでだ』、と」

少年は泣いた。そして小さい声でつぶやいた。

「でも、ぼくはここにいるのに」

「友よ。耐えるのだ。そのようにしか生は我々にやって来ない。『自分は自分ではない』、ならば『自分』を作らねばならない。水を飲む器を作らねばならない。人が生きるとはそのことだ。人が水を飲むとはそういうことだ。その重荷を引き受ける。生きることが尊いのではない。生きることを引き受けることが尊いのだ」

「どうして？」

「引き受けなくてもいいからだ」

「理由はない、でしたね」

少年は微笑んだ。

「この世にはしなければならないことがたくさんある。しなければならないと人が思うのは、しなくてもいいことだからだ。生きなくてもいい。だから生きなければならない。犬のように水を飲んでもかまわない。しかし水を器にいれて飲むことにする。尊さはそこにある」

老師は少年の頭から手を離し、再び川の流れに目を向けた。

「『何かしら善なるもの、私はそれを求めている』〈道の人〉はそう言っていた。どこかに必ずある善そのもの、と彼は言わなかった」

「それを汲《く》み上げるのも『自分』という器なのでしょうか」

「違う。善とは、どのように器を作り、どうそれを使うのかということなのだ」

「どのようにすればよいのでしょう」

老師は月を仰いだ。

「たった一つの正しい方法などないのだ。ただ、けっして間違ってはならない。

器は他者から作られ、他者によって磨かれる。器は水の外で作られるのではない。水の中で作られる。器の外の水を汲むのではない。器をつくり、それを磨くとき、そこに水は満ちている」

「師よ」

「友よ。器を作れ。困難な仕事だ。それを何度も磨く。一度打ち割って、作り直さねばならぬときもある。割れた器で飲まねばならぬときもある。それでも、最後まで生を飲み干せ」

老師は少年を見た。

「生が私であるとき、それは君なのだ。いつの日かそれがわかれば、死はのどの渇きを癒《いや》すように、安らかに訪れるだろう。たとえ君が『誰』であろうと」

「師よ」

少年はもう一度呼びかけた。焚き火が燃え尽きた。

「もう終わった。行くのだ」

老師は再びその夜の三日月を仰いだ。


道が森の中に入る前、少年は一度振り返った。

老師は庵の前に坐していた。わずかに扉が開くと、髪の長い少女が現れ、老師の肩に持ってきた何かを羽織らせた。

少年は初めて、そこに自分と老師以外の人を見た。彼は森の中へと走り出した。老師と少女はそれに気がつかなかった。

後夜

はい。聞こえたときもありました。でも、私に聞こえてきたのは、老師とあなたの会話のごくわずかです。老師はあなたとの話をとても大切にしていたのですよ。これは本当です。

老師は数日前にお発《た》ちになられました。ええ、私がお見送りをして、庵《いおり》の後始末をしました。ひとつの地にしばらく留まるとまた旅に出るという暮らしを、ずっと続けてきたようです。老師の師がそういう人だったそうです。はい。老師が〈道の人〉と言っていた人です。

いいえ、私は父に言われて老師のお手伝いをしていただけです。半年ほど前からです。父は、老師がこの町に来たばかりのころ、一度か二度、家に招いたことがありました。それ以来、時々、老師のところにお話に行っていました。

あなたは知らないでしょうけど、あなた以外にも、老師のところに来ていた人はいたのです。そのうちの何人かが、老師に庵を寄進されたのです。

ええ、ごくわずかです。最近来ていたのは、あなたも入れて五、六人かしら。最初はもっと多かったようです。私が通い始めた頃でも、日に何人も来ました。でも、一度来て老師と話をすると、ほとんどの人が二度とは来ませんでした。何度も来る人は、最初とても深刻な顔で話をしていたのに、そのうちただ立ち寄っただけというふうになり、中には、老師のそばにすわったなり、ほとんど話らしい話もしないで帰る人がいたくらいです。私の父もそんなだったらしいです。

なぜかですか？　わかりません。ただ、一度、老師にどんな話をしているのですかとたずねたことがあります。そうしたら、老師は彼らの知りたい話はせんよ、と言って笑っていました。

〈道の人〉のことはあまり聞きませんでした。老師は彼がまだ若い頃、ご自身もあなたと同じくらいの歳《とし》に初めて会ったようです。いいえ、最初は仲間のような人がほんの数人いたらしく、老師もそのうちの何人かには会ったそうです。ただ、老師はその仲間には入らなかったのです。いつだったか、老師は訪ねてきた人に「誰だろうとあまりに魅力的な人のそばに長くいてはいけないな」と言ったことがありました。昔を思い出して言ったのかもしれませんね。

それは知りません。私も訊《き》きませんでした。いつ、老師が今のような暮らしを始めたのかは、私にはわかりません。ただ、〈道の人〉に初めて会ったそのすぐ後ではないようです。

老師が二度目に〈道の人〉に会ったのは、ずいぶん経《た》ってからだそうです。

そのころ、彼の周りには仲間というより弟子のような人たちがたくさんいたそうです。

最近になって、特にあなたが来るようになってから、老師は私にもいろいろな話をしてくださるようになりました。ええ、それはあなたと一緒でしょう。わからないことばかりでした。でも、忘れられません。

そうですね。こんなことを言われたことがあります。

「この世にたった一つしか無いものは、だから大切なものなのか、だから無意味なものなのか、どちらだと思う？」と。

私が答えられないでいたら、老師は一言、

「本当に一つなら無意味だね」

と言いました。そして、

「でも、その一つが自分だと無意味とは思えない。だから人は苦しいのだ」

と言いました。

あなたにもわかると思うのですが、私には、老師が他の人より頭がよいとか、誰も知らないことを知っているとか、そういう人には見えませんでした。

そうではなくて、ひとよりずっと深く悩んでいる人です。その悩んだ経験をとても正直に話している人だと思うのです。

そばで見ていると、老師はやって来る人に何かを教えているように見えます。でも、絶対に正しい何かのことを教えているのではないんでしょう？　あなたはそういうことを教わりましたか？　老師の言うことは正しいと思いますか？

でも、会えてよかったと思っているでしょう？


はい。二人であなたのことを話したこともあります。老師に「彼はどうして来るのでしょう」と訊いたことがあります。だって、老師はあなたにも、知りたいことは教えなかったのでしょうから。

そうしたら、老師はこう言いました。

「大切なのは答えではなく、答えがわからなくてもやっていけることだと、彼はどこかで感じたのだ」

ええ。そうです。ですから、老師も言っていました。

「やっていく方法は自分で見つけるしかない」と。

それともう一つ。あなたが老師と会った最後の夜、老師は私がもう一度あなたに会うことがあったら、こう伝えてくれと言っていました。

「生きる意味より死なない工夫だ」

笑いましたね。老師は、あなたが笑ったらこう言えと言いました。

「その笑いの苦さの分だけ、君は私を知ったことになる」

限りないやさしさに満ちた人生の智恵《ちえ》

茂木健一郎

青年期、人は、誰でも魂がひりひりするような疑問にとらえられる。「私」とは一体何者なのか？　どうやって生きていけば良いのか？　人生の目的とは何か？

そのような鋭い質問を大人たちに投げかけても、「今忙しいから」「そんなこと考えずに、勉強しなさい」「そのうち判《わか》るよ」などとはぐらかされてしまう。

本当は大人たちも不安で仕方がないのである。ただ、そのような難しい問題には、「これ」といった答えがない。あると思うと、かえって道を誤ってしまいさえする。だから、大人たちは大切な問題を直視せず、避けるようになっていってしまう。

人生の大切な問いの様々に、「これ」という答えなど実はない。この、ぞっとするような真実にどのように向き合えば良いのか？　南直哉さんが『老師と少年』で用意した答えは、繊細で深い含蓄に富んでいる。

少年が一人、容易に癒《いや》すことのできない問いを胸に抱いて、庵《いおり》をたずねる。少年の問いかけに対して、老師は簡単な答えを与えない。

「それは、道を歩く人自身が決めることだ」

「『本当の何か』は、見つかったとたんに『嘘《うそ》』になる」

「理解できないことが許せないとき、人は信じる。信じていることを忘れたとき、人は理解する」

なかば突き放したような、それでいて限りないやさしさに満ちた老師の言葉に、次第に少年は心を開き、自分の問題の本質がどこにあるのか、理解して行く。

「神」や「虚無」といった考えに囚《とら》われてしまうと、かえって生きる道を失う。それでは、私たちはどうすれば良いのか？　老師の口を通して語られる人生の叡智《えいち》は、南さんが永平寺の長い修行の中で、そして青森県の恐山の院代をつとめながらつかんできた掛け替えのない宝ものである。

老師が去った時に、二人の対話を最初からひそかに聞いてきた少女の存在に少年はやっと気付く。人生で大切なことは、往々にして見逃されている。あたたかい未来を予感させる結末に、著者の生に対する愛と慈《いつく》しみがこもる。

（平成二十一年十月、脳科学者）

師と弟子の関係

みうらじゅん

〝説教〟って、言葉はそもそも釈尊の教えの意味であり、本来『ゴータマ・シッダールタⓇ』と、するべきものだ。

偶像崇拝することなかれと生前、おっしゃったにも拘《かかわ》らず、お亡《な》くなりになった五百年とか六百年後、仏像が生み出されたことも、今の言葉でいうと〝肖像権〟が切れたということになるのだろうか？

ハッキリしていることは、仏不在の世の中が人間にとってどれほど不安であるかということ。

説教は今、上司や先輩が酒に酔ってグダグダ言うことに成り下っている。

「これはおまえのためを思って言ってるんだ」には、要注意。何の責任も負うことなく、どれだけ自分が理解者であり、どれだけリッパかを主張するショーに部下も後輩もうんざりしてる。誰もが自分のことしか考えてない世の中に嫌気が差してる。

しかし、その誰もがの中に自分も含まれていることに気付こうともしない。みんな『往生要集』言うところの地獄堕《お》ちに違いない。

この『老師と少年』は、そんな世の中にあって一つだけ大きく違うところがある。それは老師を、読んで字の如《ごと》く少年が〝師〟と崇《あが》めていることだ。

師匠とか、先生とか、今は軽いノリで「リスペクト」と、言う場合が多いけれど、少年はどんな難問を老師に突き付けられようが、それに誠実に答えようとする。「分けわかんない」と、言ってしまえば楽なのに、一生懸命その真意を解こうとする。その姿勢にこそ師と弟子の関係は成り立つのだ。どんなことでも他人任せにしないで自分で考えることが大切なのである。

師の言葉で言うなら「感じる」と、いうこと。これは昔、ブルース・リー主演の映画『燃えよドラゴン』で学んだこと。劇中、ブルース・リーは弟子に向って、「考えるんじゃない、感じるんだ」と、言った。当然、弟子は若く、ポカンとしているのだが、そこには尊敬の念があり、いつかその意味を知る日がくるだろう。

この世の中で目に見えることはどれも疑わしい。形に誤魔化され、そもそもが見抜けなくなっている。たぶんその〝そもそも〟が真意であって、それは仏教で言うところの『空』であろう。

現代では何もない状態という感覚が分り辛《づら》くなっている。地位や幸せなんて言葉も、そもそも人間が生み出した幻想なのに、それが〝ある〟と、信じ込んでいるフシがある。

老師のおっしゃることはすぐに理解出来ることではないかも知れないが、〝そう思い込んできた〟全《すべ》てのことに疑いを持ち、最終的に〝自分〟というものすら無いと気付いた時、何かを〝感じ〟るのではないだろうか？

人間だけが始めがあれば、終りがあることを知っている。いや、知ってしまってる。生れた瞬間から余生は始まってるというのに。よく考えて生きなければ虚《むな》しくて堪えられない。

（平成二十一年十月、イラストレーター）

私を赦《ゆる》してくれる物語

土屋アンナ

一ページ目を読んで思った。この少年は、私だ。考え方が、すごく似ている。でも、一一二ページ全部読み終わって、また思った。一回読んだだけじゃ、全然足りない。分かるけど分からなくて、読み返しても読み返しても、新しい発見の予感がする、きっとそんな本だ。

南さんは、自分のことも宗教のことも、これが正しいとかこれを信じろとか、絶対に言わない人。「自分で考えて、自分の答えを出せばいい」っていうことを教えてくれる人だと思う。そもそも、この世の中で起きていることは矛盾だらけ。目をつむって流されていけば気づかないけど、物語の少年のように矛盾を知ってしまったら、苦しい。その矛盾には、答えがないから。でも人間でいる限り、考えずにはいられなくなる。だから、人生はシンプルでは終われない。そして、それを受け入れるには、やっぱり考えること以外に道はない。

私には、「他人がいいと言ったものは信じない」というルールがある。もちろんこのルールが100パーセント正しいなんて思っちゃいない。でも私は、人のせいにしたくないから、自分で考える。人の言ったことを信じると、人のせいになっちゃうから、自分で考える。戦いです。孤独です。でも、人と違うことを全力で肯定して自分なりに表現していくのが私だから、この本にはすごく救われる。『老師と少年』は、シンプルでは終われない自分を、赦してくれる物語だったから。

初めて南さんに会ったときのことは、いまだに忘れられない。私に、「あなたはクソ真面目《まじめ》だねえ」って言ったんです。あ、このお坊さん、クソって言った、と思ってなんだか可笑《おか》しかった。私に言わせてみれば、南さんこそ「クソ真面目」なんだけど、それだけじゃなくて、「ちょっと、昔ワルかったんじゃないの?」って聞きたくなっちゃうような、清濁あわせた凄《すご》みがある、不思議な人だった。南さんにはウソをつけないと思う。というより、この人にはウソをつく必要がないと思った。

実は、私には夢がない。こうなりたい、ああなりたい、というものがない。でもだからこそ、自分の目の前にあることを一生懸命にやる、そういう小さなことがどれだけ大事か、日々強烈に感じながら生きている。だからかな、最後の老師の言葉には、ガツンときた。「生きる意味より死なない工夫」。うん、一番好きな言葉だった。これが実は、この本のもうひとつのタイトルなんじゃないかな、なんて思う。
この世の中には無駄な言葉がいっぱいある。私も歌詞を書くとき、ひとつの言葉を大事にするのか、あえて無駄な言葉だけを連ねるのか、よく迷ってしまう。でもこの本には、南さん自身の苦悩に裏づけされた、必要な言葉だけしか並んでいない。だから、心に引っかかる。きっとまた、読んでしまう。何度も、何度も。

（平成二十一年十月、モデル・ミュージシャン）

この作品は平成十八年十月新潮社より刊行された。

茂木健一郎著　脳と仮想　小林秀雄賞受賞

「サンタさんていると思う?」見知らぬ少女の声をきっかけに、著者は「仮想」の謎に取り憑かれる。気鋭の脳科学者による画期的論考。

竹内薫
茂木健一郎著　脳のからくり

気鋭のサイエンスライターと脳科学者がタッグを組んだ！ ニューロンからクオリアまで、わかりやすいのに最先端、脳の「超」入門書！

養老孟司著　運のつき

好きなことだけやって死ね。「死、世間、人生」をずっと考え続けてきた養老先生の、とっても役に立つ言葉が一杯詰まっています。

養老孟司著　かけがえのないもの

何事にも評価を求めるのはつまらない。何が起きるか分からないからこそ、人生は面白い。養老先生が一番言いたかったことを一冊に。

吉本隆明著
聞き手糸井重里　悪人正機

「泥棒したっていいんだぜ」「人助けなんて誰もできない」——吉本隆明から、糸井重里が引き出す逆説的人生論。生きる力が湧く一冊。

吉本隆明著　詩の力

露風・朔太郎から谷川俊太郎、宇多田ヒカルまで。現代詩のみならず、多ジャンルに展開する詩歌表現をするどく読み解く傑作評論。

瀬戸内寂聴著

比叡

恋多き人生を重ねてきた俊子にとって、出家とは自分を葬ることではなく、新しく生きることだった。愛と情熱の軌跡を描く長編。

瀬戸内寂聴著

手毬

寝ても覚めても良寛さまのことばかり……。雪深い越後の山里に師弟の契りを結んだ最晩年の良寛と若き貞心尼の魂の交歓を描く長編。

瀬戸内寂聴著

場所

野間文芸賞受賞

「三鷹下連雀」「塔ノ沢」「西荻窪」「本郷壱岐坂」…。五十余年の作家生活で遍歴した土地を再訪し、過去を再構築した「私小説」。

瀬戸内寂聴著

釈迦

八十歳を迎えたブッダ最後の旅。遺された日日に釈迦は何を思い、どんな言葉を遺したか。二十年をかけて完成された入魂の仏教小説。

瀬戸内寂聴
玄侑宗久著

あの世 この世

あの世は本当にありますか？　どうしたら幸福になれますか？　作家で僧侶のふたりがやさしく教えてくれる、極楽への道案内。

瀬戸内寂聴著

真夜中の独りごと

イラク戦争反対の新聞広告を出し、大好きな海老蔵も追っかけて……。八面六臂の寂聴さんが満ちる思いを虚心に綴った〝正直日記〟。

河合隼雄ほか著

こころの声を聴く
―河合隼雄対話集―

山田太一、安部公房、谷川俊太郎、白洲正子、沢村貞子、遠藤周作、多田富雄、富岡多恵子、村上春樹、毛利子来氏との著書をめぐる対話集。

河合隼雄著

こころの処方箋

「耐える」だけが精神力ではない、「理解ある親」をもつ子はたまらない――など、疲弊した心に、真の勇気を起こし秘策を生みだす55章。

河合隼雄著

縦糸横糸

効率を追い求め結論のみを急ぐ現代日本は、育児や教育には不向きな社会だ。心の専門家が、困難な時代を生きる私たちへ提言する。

河合隼雄
村上春樹著

村上春樹、河合隼雄に会いにいく

アメリカ体験や家族問題、オウム事件と阪神大震災の衝撃などを深く論じながら、ポジティブな新しい生き方を探る長編対談。

河合隼雄
吉本ばなな著

なるほどの対話

個性的な二人のホンネはとてつもなく面白く、ふかい！　対話の達人と言葉の名手が、自分のこと、若者のこと、仕事のことを語り尽す。

河合隼雄
南伸坊著

心理療法個人授業

人の心は不思議で深遠、謎ばかり。たまに病気になることも……。シンボーさんと少し勉強してみませんか？　楽しいイラスト満載。

佐藤愛子著
こんなふうに死にたい
ある日偶然出会った不思議な霊体験をきっかけに、死後の世界や自らの死へと思いを深めていく様子をあるがままに綴ったエッセイ。

佐藤愛子著
私の遺言
北海道に山荘を建ててから始まった超常現象。霊能者との交流で霊の世界の実相を知り、懸命の浄化が始まる。著者渾身のメッセージ。

中島義道著
カイン
—自分の「弱さ」に悩むきみへ—
自分が自分らしく生きるためには、どうすればいいのだろうか？　苦しみながら不器用に生きる全ての読者に捧ぐ、「生き方」の訓練。

中島義道著
狂人三歩手前
日本も人類も滅びて構わない。世間の偽善ゴッコは大嫌い。常識に囚われぬ「風狂」の人でありたいと願う哲学者の反社会的思索の軌跡。

柳田邦男著
言葉の力、生きる力
たまたま出会ったひとつの言葉が、魂を揺さぶり、絶望を希望に変えることがある——日本語が持つ豊饒さを呼び覚ますエッセイ集。

柳田邦男著
「人生の答」の出し方
人は言葉なしには生きられない。様々な人々の生き方と死の迎え方、そして遺された言葉を紹介し、著者自身の「答」も探る随筆集。

老《ろう》師《し》と少《しよう》年《ねん》

新潮文庫　み－46－1

平成二十一年十二月　一　日　発　行
平成二十二年　六　月　十　日　三　刷

著　者　南《みなみ》　直《じき》　哉《さい》

発行者　佐　藤　隆　信

発行所　株式会社　新　潮　社

郵便番号　一六二―八七一一
東京都新宿区矢来町七一
電話　編集部(〇三)三二六六―五四四〇
　　　読者係(〇三)三二六六―五一一一
http://www.shinchosha.co.jp

価格はカバーに表示してあります。

乱丁・落丁本は、ご面倒ですが小社読者係宛ご送付ください。送料小社負担にてお取替えいたします。

印刷・二光印刷株式会社　製本・株式会社植木製本所

ISBN978-4-10-130481-6 C0110